AF266909

L'ASSIMILATION

ET LA

RECONSTITUTION DU MINISTÈRE

DE L'ALGÉRIE

Par Charles STRAUSS,

AVOCAT A LA COUR DE PARIS.

« L'Algérie n'est pas méconnue, elle est
» inconnue ! »

« Ce n'est ni un système ni une inven-
» tion nouvelle, c'est le résumé et pour ainsi
» dire le ralliement des projets d'utilité pu-
» blique.... »
(Discours de M. de Calonne. — Assemblée
des notables, 22 février 1787.)

PARIS,

CHEZ TOUS LES LIBRAIRES
ET AUX BUREAUX DE LA REVUE UNIVERSELLE,
71, RUE DES SAINTS-PÈRES.

1874

L'ASSIMILATION

ET LA

RECONSTITUTION DU MINISTÈRE DE L'ALGÉRIE·

NANTES, IMPRIMERIE JULES GRINSARD, RUE DE LA FOSSE, 32.

L'ASSIMILATION

ET LA

RECONSTITUTION DU MINISTÈRE

DE L'ALGÉRIE

PAR CHARLES **STRAUSS**,

AVOCAT A LA COUR DE PARIS.

« L'ALGÉRIE N'EST PAS MÉCONNUE, ELLE EST
» INCONNUE ! »

« Ce n'est ni un système ni une inven-
» tion nouvelle, c'est le résumé et pour ainsi
» dire le ralliement des projets d'utilité pu-
» blique.... »
(Discours de M. de Calonne. — Assemblée
des notables, 22 février 1787.)

PARIS,

CHEZ TOUS LES LIBRAIRES

ET AUX BUREAUX DE LA REVUE UNIVERSELLE,

71, RUE DES SAINTS-PÈRES.

1874.

L'ASSIMILATION

ET LA

RECONSTITUTION DU MINISTÈRE DE L'ALGÉRIE

———

Qu'est-ce que l'Algérie?

Un moyen.

Que doit-elle être ?

Un but.

Elle est un moyen pour quelques-uns, lorsqu'elle devrait être un but pour tous.

Elle est un moyen pour quelques-uns, parce qu'elle a toujours été considérée comme leur chose par quelques privilégiés.

Un peu comme la tabatière qu'un souverain bien appris a toujours à offrir aux favorisés qui l'approchent, nos gouvernements, à de rares exceptions, ont tenu l'Algérie en poche

prête à être offerte comme une honnête récompense au parti˗
à gagner ou à conserver. Trop souvent elle a été la tabatière
du parti dit militaire (1) et les Algériens savent à leurs dépens, hélas! quels fléaux sont sortis de cette nouvelle boîte de
Pandore!

L'Algérie, avons-nous dit, devrait être un but pour tous.

Nous eussions traduit plus exactement notre pensée en
disant que la colonisation de l'Algérie devrait être un but national, ce n'est pas à sa prospérité seulement que nous enten-
dons limiter nos efforts et restreindre notre but.

L'Algérie sortie de l'ornière que lui a creusée un demi-siècle
d'abus, l'Algérie poussée en avant, grâce au puissant levier
des grands travaux publics en rapport avec ses besoins, sou-
tenue par une population en rapport avec ses ressources,
peuplée de nombreux centres agricoles en rapport avec son
étendue, aidée des moyens de transport en rapport avec la
fertilité de son sol, c'est la France enrichie d'une merveilleuse
contrée, c'est la France doublée par l'extension de son terri-
toire, c'est la France forte sur les deux rives de la Méditerranée, c'est, malgré sa mutilation récente, due à la funeste
politique des nationalités, la France puissante et à son rang!

En prenant à notre tour la plume, nous n'obéissons pas au
courant des vaines disputes auxquelles nous assistons depuis
quelque temps; notre opinion n'a rien de ces fruits hâtifs,
nous la devons à un long séjour ininterrompu au milieu de ces
Algériens, nos compatriotes; c'est pourquoi il nous paraît,
sans trop de présomption, assez aisé d'aborder la question
algérienne qui est, à notre sens, le problème le plus simple
à résoudre, et dont on semble non-seulement obscurcir à
plaisir la facile solution par un luxe de complications, mais
dont nos hommes d'État, par un inexplicable et fatal aveu-
glement, persistent à méconnaître et l'importance et la gravité.

C'est surtout en nous plaçant au point de vue des intérêts de

---

(1) Notre armée, ni l'esprit qui l'anime n'ont rien de commun avec ce
parti.

la métropole, au point de vue de la politique de la France, au point de vue de ses relations avec les puissances maritimes ou qui souhaitent le devenir, que nous maintenons notre affirmation.

Est-ce donc bien le moment de discuter, l'heure est-elle bien choisie pour rouvrir en champs clos cette stérile lutte en faveur de théories irréalisables !

Voici d'une part, les partisans de l'assimilation, de l'autre, les autonomistes, usant leurs forces dans des querelles qui nous rappellent quelque peu celles de doctrinaires d'outre-Rhin : ce ne sont pas des morts, ce sont des mots qui restent sur le carreau. Les autonomistes qui se réservent le privilége des utopies planent d'un large vol, que rien n'entrave, dans les hautes régions de la théorie. Si on leur parle d'impossibilité d'application pratique de leur méthode, si on leur demande les moyens... Ce n'est pas à eux à descendre à ces petits détails domestiques, répondent-ils, c'est à d'autres hommes à s'en préoccuper ; le triomphe du principe leur suffit, la réalisation, la possibilité de cette réalisation n'est pas de leur domaine. C'est absolument comme si on disait à un constructeur d'édifier sur la plage mouvante...

— Mais il m'est impossible de bâtir sur le sable ! exclamerait celui-ci ; donnez-m'en donc le moyen, vous qui voulez l'impossible !

— Le moyen, ce n'est pas notre affaire, répondent les autonomistes, nous ne sommes que les champions de l'idée.

Et l'idée est malheureuse, qu'il nous soit permis de le déclarer ; il faut bien méconnaître notre caractère national, nos aptitudes, nos mœurs, nos dispositions natives, pour oser conseiller l'autonomie à une colonie française !

Quelques optimistes, bien pensants du reste, toujours prêts à trouver que tout est pour le mieux dans le meilleur des mondes, prétendent que les autonomistes ne sont déjà pas si loin des assimilateurs, et qu'on est bien près de s'entendre. En effet, disent-ils, que réclament ces derniers? l'adoption de leur système, mais ils acceptent des tempéraments, des modifications sages prévus par quelques lois d'exception. Les premiers veulent-ils autre chose? Ils déclarent qu'il n'est jamais entré dans leur pensée d'altérer le lien politique qui rattache notre conquête à la mère patrie!

Cette conclusion serait plaisante, si elle ne touchait à des intérêts de la plus haute gravité.

Nous n'avions certes pas besoin de la déclaration des autonomistes, nous sommes pour notre part convaincu qu'ils repousseraient comme odieuse toute atteinte au lien naturel qui nous unit à la France, cette déclaration ne nous semblait donc pas indispensable, n'ayant jamais douté des sentiments patriotiques de nos adversaires, mais nous notons cet aveu, ne serait-ce que comme unique argument contre cette autonomie d'un nouveau genre, dont à lui seul il est l'irrévocable condamnation.

Serons-nous mal venu à demander aux autonomistes sur quelles bases, en face de cette déclaration restrictive, ils sauront fonder la constitution algérienne? quels principes ils inscriront sur cette charte hybride? où s'abritera l'immutabilité fondamentale qui est l'assise essentielle de toute édification législative? Il ne suffit pas d'énoncer solennellement quelque formule dogmatique, il ne suffit pas de se retrancher derrière quelque mystique doctrine impénétrable aux profanes, il faut pour qu'une idée soit raisonnable que les faits puissent s'y adapter sans difficulté et en prendre l'empreinte sans danger. N'arrive-t-il jamais que, faute de précautions élémentaires, la matière en fusion brise le moule? ce serait le cas.

Où donc serait tracée cette ligne séparative et toute idéale qui permettrait de distinguer le point où finirait l'action autonomiste et celui où commencerait l'autorité politique? Cette juxtaposition de deux pouvoirs contraires et vivant en bonne harmonie, donne à rêver... Quel est l'esprit qui oserait avancer que ces deux forces sauraient se désagréger, sans péril social, autrement que par le fédéralisme, dont l'heure est encore trop lointaine pour que l'on puisse raisonnablement être autorisé à y songer en ce moment.

Pour notre compte, nous le déclarons sans hésitation, nous ne nous laissons pas séduire au mirage de l'autonomie, même restreinte, en admettant qu'il soit possible d'assigner une limite aux tendances extensives qui sont la caractéristique de ce mode de gouvernement ; nous n'hésitons pas davantage à dire que l'adoption de toute mesure imprégnée de cet esprit ne saurait être que funeste à l'Algérie.

Loin de notre pensée de suspecter la loyauté des intentions des partisans de l'autonomie, mais, nous le confessons en toute sincérité, on ne saurait mieux rappeler le pavé de l'ours.

Qu'on s'en souvienne bien ! on ne dit pas à une révolution, quelque pacifiques qu'en soient les évolutions : « Tu n'iras pas plus loin! » Malgré les réserves les plus prudentes, malgré toutes les prévoyances, garottant l'autonomie de toutes les restrictions possibles, cette autonomie n'en serait pas moins l'autonomie! Le fait dominerait la forme, et ses inventeurs ne tarderaient pas à constater avec effroi que l'œuvre a entraîné ses auteurs bien au delà du but, et de ce lien politique il ne resterait plus qu'un lien platonique, et encore si affaibli, qu'au delà comme en deçà de la Méditerranée, il ne serait plus personne pour s'en souvenir.

Dans tous les cas, c'est cette tendance qu'on prêterait à cette évolution ; l'épithète de séparatistes, avant-coureur d'autres dangers, serait bientôt dans toutes les pensées, si ce n'est sur toutes les lèvres.

Mais en écartant même le péril de cette interprétation, penserait-on en avoir fini de tous les obstacles !

En limitant le « self-government. » à une autonomie purement administrative, innovation toute fantaisiste qu'on a quelque peine à concevoir, où serait l'avantage de cette révolution, où seraient les garanties de durée, de sécurité, de vitalité qu'on est du moins en droit d'exiger ?

Sur quelles bases cette autonomie serait-elle appelée à se mouvoir? sur quels fondements s'élèverait cette nouvelle tour de Babel!

Combien ne faut-il pas se défier de cet amour d'importation de constitutions étrangères, qui ne séduisent que par leur nouveauté, que par l'attrait du changement, écueil de plus d'un politicien, dont l'éloignement interdit l'étude sérieuse et consciencieuse, et qu'on n'envie aux autres peuples que parce qu'on n'a pas à en souffrir !

Admettons, pour un instant, l'application de ce système, il nous coûte de formuler cette supposition, même à l'état d'hypothèse, admettons cette nouvelle forme de gouvernement se limitant à l'autonomie administrative.

Sur quels revenus assoirait-on le budget, de quel crédit consoliderait-on l'avenir? quels éléments serviraient à la formation du contingent destiné à la protection armée? quelle sécurité offrirait-on aux grands marchés financiers? quelle garantie d'indépendance se sentirait-on en mesure d'assurer à la colonie contre les empiétements désastreux du seul établissement de banque, véritable autocratie qui lui impose ses lois? où puiserait-on ce principe vital, le crédit public! L'Algérie aura beau offrir et ses terres et ses récoltes et ses richesses, comme ce héros des contes arabes elle en sera réduite à mourir d'inanition sur un sac de perles!

Imposera-t-on la confiance aux capitalistes de la métropole, ou pense-t-on pouvoir s'en passer !

Aurait-on l'imprudence de croire que le seul mot d'autonomie n'éveillera pas toutes les défiances; ce serait là une imprévoyance grosse de naïveté, il faut être bien ignorant de la prudence excessive, souvent exagérée maladroitement, des financiers pour se laisser aller à de semblables erreurs. Si des relations d'intérêts existent aujourd'hui entre la France et l'Algérie, c'est à la confiance naissant de l'identité administrative qu'elles sont dues et qui permet de considérer nos provinces, malgré la mer qui nous sépare, comme la continuation de la France; qui ignore, malgré cette sauvegarde, avec quelle lenteur ces relations sont arrivées à se former.

Et ces difficultés que nous signalons sont-elles les seules contre lesquelles vient se heurter ce système ?

Quel rôle laisserait-on à la France? celui de nous garder,

d'endosser notre signature, de parfaire à nos déficits, de s'incliner devant nos décisions, et, en définitive, de payer sans discuter.

Mais si l'heure d'une semblable faute devait jamais sonner, nous nous demandons pourquoi Lyon, Marseille, Bordeaux, pourquoi toutes nos grandes cités ne réclameraient pas pour leur province autant de parlements dépositaires des destinées de la société.

Et si les partisans de l'autonomie concèdent aux autres ce qu'ils demandent pour eux, il nous est impossible de supposer raisonnablement le contraire, qu'ils nous permettent de le leur dire, ce n'est plus de l'autonomie, et de tout ce bruit il ne reste que l'idée peu nouvelle de décentralisation.

En ce cas, nous n'aurions qu'à applaudir à leurs vœux, mais en leur demandant si leurs impatiences ne sont pas au moins prématurées et s'il ne conviendrait pas de laisser le pas aux vieilles cités les aînées? Mais ce n'est pas de décentralisation dont il est question. Il faut, l'avenir est à ce prix, le présent aussi, il faut absolument fonder un gouvernement de forme modèle et nouvelle, et ce gouvernement, qui sera le salut du pays, ne pourra fonctionner que sous la direction tutélaire d'un *parlement colonial!* C'est sous ce titre modeste qu'on veut se réfugier pour décréter la prospérité de l'Algérie, ce titre dont la première partie rappelle une institution qui a donné plus de souci que de protection à la loi, et dont la seconde éveille cette pensée que l'Algérie est une *colonie,* ce qu'il faut surtout éviter. Un récent exemple ne nous a montré que trop l'abus qu'on pouvait faire d'un mot. N'a-t-il pas suffi d'une complaisante interprétation pour violer le droit le plus sacré d'une cité?

Parlement colonial! le titre n'indique-t-il pas franchement quelle autorité ce conseil serait appelé à exercer? ne sommes-nous pas autorisés de dire que, loin d'être un acheminement vers l'idée de décentralisation qui répond à de légitimes aspirations, l'autonomie, dont la toute-puissance serait aux mains de quelques individualités, dépositaires d'une autorité sans

frein, nous mènerait par une pente fatale à une centralisation
véritable, et il n'est de pire tyrannie que les petites tyrannies.

Si les nécessités sociales nous obligent à subir accidentelle-
ment les coups de force du pouvoir, conservons au moins le
bénéfice de l'éloignement qui en amortit le choc.

Il est même interdit aux autonomistes de croire un instant
que l'autonomie est une première étape vers la grande pensée
de décentralisation ; car ce n'est pas vouloir la décentralisation que de créer une centralisation nouvelle; ce n'est pas
vouloir l'indépendance que d'ajouter un maillon à sa chaîne ;
ce n'est pas vouloir l'indépendance, l'égalité de répartition
que de s'imposer le luxe et les exigences d'une capitale, et
ce serait bien en une capitale véritable que s'érigerait la cité
choisie par le parlement colonial pour y mûrir ses délibérations.

L'Algérie, nous le répétons avec bonheur après d'autres,
l'Algérie n'est que le prolongement de la France; il faut que
nos départements restent français, il faut que nos lois soient
françaises, il faut que les priviléges attachés au titre de citoyen français restent aux Français !

Quant à cette question de naturalisation des étrangers,
que quelques voix isolées désignent comme impérieuse, il ne
faut pas la faire plus grosse qu'elle n'est en réalité, et en
réalité les étrangers sont les derniers à s'en occuper, si tant
est qu'ils y songent, car les étrangers venus en Algérie, nous
ne craignons pas de l'affirmer, n'y ont nullement été amenés
par le désir de se couvrir de notre nationalité: il ne faut pas
être plus royaliste que le roi. Nous en connaissons assez, et
des plus honorables, qui ont prouvé en maintes circonstances
leur attachement pour l'Algérie et dans l'esprit desquels il
n'est certainement jamais entré de renoncer à leur nationalité pour la nôtre ; s'il en était autrement, n'auraient-ils pas
les moyens de naturalisation que leur accordent les lois de
droit commun !

Ce sujet offre du reste des points trop délicats à effleurer
et nous entraînerait dans une discussion dont l'intérêt politique n'échappe à personne.

Ne perdons point de vue que notre but est l'Algérie libre,
placée dans des conditions d'existence possibles, assurée
d'une marche normale, débarrassée des entraves et des périls
d'une administration sans contrôle, dégagée surtout des
inutiles rouages dont elle est surchargée, et ce n'est pas en
la livrant à la merci d'une autorité sans assises que nous at-
teindrons ce résultat.

Il faut se garder de ce dangereux écueil qui consiste à faire
de certains noms le synonyme de la toute-puissance. Un pays
où le pouvoir s'individualise, quel que soit le mérite de celui
qui le détient, est un pays dont l'indépendance, la dignité et
l'avenir sont compromis.

Nous nous sommes arrêté longtemps à cette question d'autonomie ; le respect de la discussion ne nous en aurait-il pas
imposé le devoir que nous eussions considéré comme une obligation de répondre à des adversaires dont nous pouvons ne
pas partager les vues, mais dont nous estimons trop le caractère pour ne pas être convaincu qu'ils ne verront dans notre
opposition que ce que nous croyons dans la leur : une sincère
conviction.

Du-reste les dissemblances de la forme n'excluent pas l'u-
nité de fond ; nous espérons qu'ils ne s'opposeront pas à la
consolante pensée d'un accord complet sur un point : la prospérité de l'Algérie. Mais cet accord s'arrête là ; nos préven-
tions contre tout gouvernement colonial sont trop justifiées par l'histoire de toutes les colonies pour que nous ayons
cru pouvoir nous abstenir de nous apesantir sur cette question, mais si nous nous y sommes arrêté avec quelque viva-
cité de langage, nous n'en croyons pas moins, nous en faisons
volontiers l'aveu, à l'identité du but chez nos adversaires,
séduits un moment par l'application d'un système au profit
duquel, prenant les États-Unis pour base de leur terme de
comparaison, ils admirent des effets dont ils lui attribuent à
tort la cause.

Pourtant aucune analogie n'est permise entre les possessions anglaises et l'Algérie ; les mesures prises par l'Angle-

terre semblaient suffisamment justifiées par l'éloignement de ses possessions, et autant on peut, jusqu'à un certain point, être autorisé à admettre que devant la distance énorme qui la séparait de ses colonies elle n'ait pas cru devoir choisir d'autre moyen, autant devant le rapprochement des possessions françaises on éprouve de difficulté à concevoir la persistance des adversaires de l'assimilation à confondre à ce point la situation de l'Algérie avec celles des colonies qu'ils citent si volontiers.

Faut-il donc énumérer les résultats obtenus par la politique anglaise depuis 1780, pour leur rappeler les fruits amers que le Royaume-Uni a recueillis de l'institution de ses parlements coloniaux?

Nous ne leur infligerons pas cette épreuve et nous n'entretiendrons dès à présent nos lecteurs que du fond de la question qui nous préoccupe.

Voici près d'un demi-siècle que notre drapeau flotte sur l'Algérie : quelles sont donc les institutions vraiment colonisatrices qui se sont fondées à l'ombre protectrice de ses plis?

Quelle est l'œuvre de ce mécanisme aux rouages obscurs dont le gouvernement général peut revendiquer l'invention (1)? Hélas! le résultat est triste!

L'incendie et l'insurrection pour le colon! Pour l'Arabe la misère et la famine!

Trois générations de Français ont déjà passé sur cette terre et nous sommes encore à la recherche d'un système de colonisation! Persistant à vouloir inventer des lois, comme si notre *Droit* n'était pas fondé, nous sommes encore à nous demander quelle direction il convient d'imprimer à ce magnifique et fertile pays.

---

(1) Voici les pérégrinations auxquelles est obligé tout document, lorsqu'il est adressé par la commune à l'autorité supérieure: de la mairie à la sous préfecture, de la sous-préfecture à la préfecture, de la préfecture à la division, de la division à la direction générale, de la direction générale au gouvernement général, du gouvernement général au ministère, et *vice versà!* Et cela dans un pays où pour stimuler l'action il faudrait tout simplifier!

Sa terre est féconde et nous stérilisons ses richesses. Ses ressources sont inépuisables et nous persistons à les laisser infructueuses.

Ses colons sont infatigables et nous lassons leur persévérante volonté par tous les obstacles.

Et la colonie algérienne gémit sous le poids d'un antagonisme d'autant plus dangereux, d'autant plus funeste qu'il est dissimulé sous de fausses apparences d'une sollicitude que les Algériens ont appréciée depuis longtemps.

Et nous sommes encore réduits à entendre des hommes qui, osant limiter notre œuvre civilisatrice au rôle secondaire d'une simple occupation militaire, déclarent la colonisation un rêve irréalisable !

La lutte récente de la France contre l'Allemagne coalisée, à une autre époque la guerre de Crimée, la campagne d'Italie, et toutes ces expéditions aventureuses qui ont marqué le dernier règne, n'ont-elles pas prouvé d'une façon éclatante quelles ressources offrait cette Algérie tant décriée, quels immenses approvisionnements on pouvait en tirer.

Et tous ces sanglants combats n'ont-ils pas prouvé aussi que cet énergique patriotisme des Algériens ne le cédait en rien à cette autre énergie qu'il leur a fallu déployer dans les pacifiques mais périlleux travaux de leur vie de colon, dans leur lutte avec les difficultés d'un pays nouveau, dans leur résignation devant les rudes labeurs, dans leur courage devant cette température inclémente qu'il fallait dompter...

Et c'est cette population laborieuse qui se trouve livrée à la merci de l'imagination fantaisiste de quelque écrivain ignorant le premier mot de la question, mais voulant aussi conquérir sa place au rang des polémistes, fut-ce au prix de l'acte le plus antipatriotique.

Argent et sang, le colon n'a rien épargné, et en échange, c'est la calomnie qu'on ne lui épargne pas. Ce ne sont là que de vieilles vérités, mais en les rééditant, nous restons dans le rôle que nous nous sommes tracé ; nous n'avons de prétention à aucun brevet : loin de nous l'ambitieuse pensée de rien inventer, trouvant suffisant de nous acquitter de la part qui incombe à chacun dans l'édification de l'œuvre commune.

Ce ne sont donc pas de pensées irréalisables dont nous allons remplir ces pages : assez de remèdes, assez de vaines disputes, assez de nébuleuses théories et trop de systèmes chimériques surchargent la panoplie des réformes algériennes et nous nous refusons à toute intention de grossir cet arsenal.

Il faut bien en convenir, depuis ces dernières années il nous a été donné de constater une recrudescence de projets sur projets, d'opuscules sur opuscules, de systèmes les plus fantaisistes, en cela quelque peu semblables à ces armures toujours neuves qui n'ont jamais servi qu'à être cataloguées par quelque conservateur de nos musées d'artillerie : nous avons là de tristes trophées de toutes les inutilités.

Il s'est déjà tant écrit sur l'Algérie, il s'est déjà tenté de si nombreux et de si infructueux essais, il s'est déjà produit tant de systèmes tour à tour acceptés et rejetés, que la *haute administration* pourrait être à juste titre considérée comme n'ayant d'autre but que de s'ingénier à faire revivre, mais sous une forme infiniment plus variée, les questions ordinaires et extraordinaires infligées dans le bon temps aux patients (1).

C'est surtout dans la foi robuste que tout Algérien ne saurait manquer d'avoir dans l'avenir de notre colonie que nous nous sommes imposé de dire nettement et haut ce que chacun pense tout bas.

Si l'entreprise semble malaisée dès l'abord, nous avons pour nous retremper contre toute défaillance la pensée fortifiante que dans un avenir dont le moment est notre espérance, la France appréciant enfin l'Algérie et les Algériens, comprenant le parti immense qu'on peut tirer de ses richesses, veillera sur sa conquête comme sur son bien le plus précieux.

---

(1) « Je voudrais bien savoir, je ne dirai pas quel malade, mais quel homme » bien portant pourrait résister à des cures aussi multipliées. » (Discours de Jules Favre, 1ᵉʳ mai 1870, Constantine.)

Aucune force, qu'on en soit bien convaincu, n'entravera la marche progressive de notre Algérie : on n'enraye pas le progrès. Mais si aucune volonté humaine ne saurait s'opposer au résultat fatal, aux certitudes consolantes réservées au temps, il est permis aux efforts communs de stimuler, d'activer le résultat. Bien plus, ne pas le faire serait une faute grave et lourde à la responsabilité de toute conscience honnête.

L'Algérie est une terre de progrès ; sa population, élevée à la dure école du travail, a puisé, dans cette lutte incessante contre tous les obstacles, toutes les ardeurs de la virilité ; son sol, que plusieurs siècles de barbarie ont laissé à ce repos glacé qui succède à toutes les grandes destructions, est un sol neuf, renaissant au souffle vivifiant de la civilisation. C'est donc entre l'homme et la terre l'alliance la plus étroite, l'alliance de toutes les jeunesses, de toutes les ardeurs, de toutes les forces : comment les fruits de cette union généreuse ne seraient-ils pas merveilleux !

Nous nous souvenons de ce qu'elle était naguère cette Algérie ! nous savons ce qu'elle a déjà su réaliser, grâce à l'énergique persistance de ses colons, malgré les entraves administratives, malgré le marteau de l'action incessante du pouvoir militaire, malgré l'enclume de l'inertie constante de l'autorité civile, nous savons ce qu'elle a su réaliser, toute laminée qu'elle a été entre ce marteau, et l'on sait s'il frappe fort, et cette enclume, et l'on sait quelle force de résistance elle sait opposer.

Ceux qui sont de la première heure ne récuseront pas ce témoignage : c'est que c'est aux efforts de ce peuple de travailleurs que nous devons les résultats atteints.

Loin de rendre justice à ces hommes laborieux qui furent les premiers colons, on ajoutait les exigences administratives, les étroitesses des plumitifs convaincus, pour lesquels les petites taquineries sont autant de prouesses bureaucratiques, aux difficultés sans nombre, aux pénibles épreuves, aux lassitudes qu'ils avaient à vaincre dans un pays nouveau où tout était à apprendre, en face d'une nation où tout était inconnu et devant un avenir où rien n'était certain.

Aussi hâtons-nous de le dire, si de grandes améliorations sont à constater, si des villes nombreuses sont sorties de terre, si des espaces immenses ont été rendus à la culture, si cette contrée vit, c'est au colon qu'en revient le mérite et les grands travaux publics ne font qu'attester d'une façon plus éclatante la puissance des efforts individuels dont ils ne sont que les effets.

Les résultats obtenus montrent ce que deviendrait un tel pays soutenu et dirigé intelligemment, lorsque malgré des adversaires puissants il est arrivé au point qu'il a atteint au milieu de ce chaos de gouvernements et des gouverneurs qui se sont succédé avec la rapidité des chimères et des chevaux de bois qui font l'ornement des carrousels de foire.

Nous l'avons déjà dit, laissant de côté toute récrimination nous ne voulons envisager que l'heure présente : c'est à notre sens le meilleur moyen d'arriver à une prompte conclusion.

Loin de nous la pensée aussi de vouloir donner force de loi à notre manière de voir, d'ériger notre opinion en principe et d'exiger qu'on lui reconnaisse l'autorité d'un dogme colonial, mais également loin de notre pensée de faiblir et de discuter autrement qu'en face tous ces projets de rénovation et d'ambition, si encombrants pour les esprits les mieux disposés, qu'il faut absolument en déblayer la route.

Nous n'hésitons pas à déclarer qu'il est... d'utilité publique d'en finir avec la série des essais ; les novateurs oublient par trop aisément que c'est sur le dos des Algériens qu'ils se livrent à leur manie d'expériences. N'est-il pas plus sensé, n'est-il pas plus sage, au lieu de vouloir implanter chez nous des constitutions qui ne conviennent ni à nos mœurs ni à notre caractère, de se borner à modifier ce qui existe, à corriger ce dont nous avons fait l'épreuve, à rejeter ce dont nous connaissons l'imperfection, à éviter les fautes signalées par l'expérience plutôt que de nous lancer dans des aventures nouvelles, dans des tentatives plus qu'incertaines et de nous livrer aux maladresses d'un nouvel apprentissage, le tout bien entendu à nos dépens !

Dans les pages qui vont suivre nous nous réservons de dire quels sont les moyens à employer pour faire de ce magnifique pays, à l'aide de sages et utiles mesures, d'intelligentes et énergiques dispositions, un pays grand et prospère qui est destiné fatalement à devenir le vrai, *le seul contre-poids* à l'influence sans cesse grandissante de cette puissance nouvelle née de nos désastres et qui ne saurait être considérée par tout esprit impartial que comme un danger imminent et un véritable péril social.

Et ce péril qui la menace peut être conjuré par la France, si elle consent à jeter les yeux sur cette terre féconde qui est à quelques heures de ses rives, sur ces colons français qui, par leur épargne et leur travail, ajoutent tous les jours à la richesse publique.

Nous n'exagérons rien. Le nouveau service a abrégé la traversée de *plus d'un quart* du temps employé jusqu'alors; il nous est donc permis de dire sans métaphore que l'Algérie peut être considérée comme le faubourg de la France, comme le faubourg de ses travailleurs, comme la cité avancée des ouvriers de son avenir.

Grâce à l'excellence du matériel de la nouvelle entreprise, ce pays, qu'on veut traiter avec la commode législation du sabre, ce pays, qu'on veut traiter comme une colonie lointaine, se trouve plus rapproché de Marseille que Dunkerque! Et ce pays présente non-seulement l'avantage de toutes les richesses naturelles que son sol produit en si grande quantité, mais l'avantage non moins grand de tenir ces richesses à la disposition des marchés français, et en quelque sorte sous leur main.

Et outre ces produits d'une variété infinie, la France possède cette autre fortune, la terre! 14,000,000 d'hectares! Nous ne désignons bien entendu que la région tellienne, que les terres cultivables. A-t-on jamais songé à utiliser autrement l'Algérie qu'au point de vue d'intérêts secondaires à servir! A-t-on jamais songé sérieusement à utiliser cette situation exceptionnelle de l'Algérie, qui, par sa position géographique et climatologique, la place dans les conditions les plus favorables à une rapide extension. Au Nord, la grande route maritime qui lui ouvre le chemin du monde, ce lac qui doit rester français, cette mer qui doit rester le Champ-de-Mars de notre marine nationale ; à l'Ouest, l'empire du Maroc, qui, placé en face de l'Espagne, doit être plus que jamais surveillé. Les événements qui se succèdent avec tant de rapidité pourraient nous faire regretter d'avoir méconnu un instant la nécessité de prévisions dictées par la politique, qui nous a déjà fait tomber dans le piége d'une guerre désastreuse. A l'Est, un autre danger, la régence de Tunis !

La question qui se rattache à cette frontière est d'une importance si manifeste que nous nous demandons si, en dehors de notre gouvernement, il est encore un seul esprit qui l'ignore. C'est justement cette influence allemande qui a déjà pesé si fort sur les agissements de l'Italie que nous sommes autorisés à redouter en Espagne. Au Sud enfin, l'immensité saharienne, dont nous n'avons pas encore su attirer les nombreuses caravanes, dont nous laissons le monopole à l'étranger, et dont il nous serait pourtant si aisé de faire dévier le courant fécondant vers nos possessions.

Ces vastes solitudes ont été, on le sait, l'objet d'études sérieuses qui doivent, si les projets qui en sont le but recevaient leur exécution, changer la face du pays, modifier sa climatologie et donner la vie à ces régions lointaines et ignorées.

Cette Algérie si merveilleusement privilégiée par la fécondité de son sol, la variété de ses productions, ses nombreux gisements de minerais, ses carrières d'une richesse incontestable, ses vastes forêts, cette Algérie est ignorée de la France !

Qu'a-t-on fait de sérieusement colonisateur pour le pays ? Hélas ! nous sommes obligé, à notre vif regret, d'en convenir, mais nous n'avons jamais constaté beaucoup de bon vouloir.

Nous l'avons dit, nous ne croyons pas à l'utilité de récriminations, mais nous voulons que notre livre soit un livre de vérités, et reculer devant un aveu serait abdiquer le droit d'en justifier le titre.

Notre foi dans l'avenir de l'Algérie, la défense que nous en avons prise dans toutes circonstances, la fidélité des affections qui nous y rattachent, donneront même à nos adversaires, nous l'espérons du moins, la certitude que nous n'obéissons qu'à de vieilles convictions, dont le triomphe est notre unique but.

Nous le répétons donc : non, on n'a pas fait pour l'Algérie ce qu'on pouvait, ce qu'on devait faire ; c'est avec la seule volonté, la confiante persévérance des premiers colons, ces semeurs de l'avenir, que ce pays est devenu ce qu'il est, et l'occasion nous paraît bonne pour faire justice de cette indigne calomnie montrant les Français de l'Algérie comme des passants plantant leur tente et disparaissant juste à temps pour laisser la place à d'autres nomades, venus comme eux on ne sait trop d'où ! Le colon, qu'on le sache bien, arrive dans le pays, il y demeure, il y vieillit sous le toit qu'il doit à de sévères économies, entouré de la famille qu'il a fondée, et plus d'un de ces laborieux pionniers des premiers jours, débarqué seul, ayant pour toute richesse ses robustes vingt ans, a eu la consolation suprême de voir, à l'heure de la séparation éternelle, les mains de ses petits-enfants se joindre autour du lit de mort de celui qui, par ses laborieuses et prévoyantes épargnes, mettait leur avenir sous la sauvegarde de cette sécurité qui est le premier fruit d'un bien-être honorablement acquis.

Si nous disons là une vérité connue de tous, c'est moins pour réfuter les invectives d'un parti auquel aucun moyen ne coûte, que pour rendre un dernier hommage à ces modestes travailleurs, les seuls, les vrais fondateurs de l'Algérie française !

En soumettant aujourd'hui les mesures que nous pensons efficaces, nous ne prétendons pas avoir trouvé le dernier mot de cette grosse question de colonisation, qu'on tient à présenter impénétrable comme le Sphinx, mais nous avons la certitude qu'en soutenant l'application si aisée des mesures que nous indiquons, d'heureux résultats ne tarderaient pas à en prouver les avantages que le simple bon sens y discerne. Il ne sera permis à l'Algérie d'ambitionner un avenir répondant à ses innombrables ressources que du jour où, délivrée des obstacles qui lui barrent le chemin, elle sera en réalité en relation *directe* avec le pays. Là est le nœud gordien de la question. Et cette condition, dont la réalisation semble n'offrir aucune difficulté, rencontre au premier rang un des plus gros embarras qui puissent la maintenir dans l'ornière : « *Le gouvernement général de l'Algérie.* » C'est là qu'est le rocher de Sisyphe des malheureux Algériens, et tant que ce boulet sera rivé à la colonie, on pourra avoir la triste et décourageante certitude qu'elle traînera une vie languissante et que les projets les plus favorables à son extension, les intentions les meilleures, seront autant de rêves inutiles.

C'est donc la démolition absolue du gouvernement général, que nous ne cesserons de réclamer, démolition de fond en comble, sans qu'il reste l'ombre de cette centralisation jalouse et avide, sans qu'il reste rien de ce qui a appartenu à ce dispendieux mécanisme bureaucratique, sans qu'il reste rien de ces inutiles et funestes rouages, sans qu'il reste rien surtout de ce fastueux cortége de sinécures. Nous nous défions trop de la ténacité administrative, que les administrateurs soient en pantalons rouges ou noirs : ce qui explique pourquoi nous insistons pour l'extinction jusqu'au germe de cette centralisation néfaste. L'abolition du gouvernement général est la condition absolue sans laquelle rien de faisable ; car le gouvernement général, sous quelque forme qu'il se présenterait, de quelque nom qu'on le décorerait, resterait toujours cette institution viciée en elle-même, que le gouvernement général soit en épaulettes, ou qu'il soit en frac.

L'institution est fausse en elle-même ; il ne peut en résulter rien de bon, quelle que puisse être la sincérité des intentions des hommes appelés à en prendre la direction : l'homme est au-dessous des vices inhérents à l'institution. Qu'on juge du danger perpétuel qui menace l'Algérie lorsque l'un de ces dignitaires s'érige en demi-dieu et dispose, au gré de son caprice, des destinées de tout un peuple de travailleurs, transformant le pays en véritable pachalik. Nous redoutons à ce point d'investir un homme d'un pouvoir qui échappe à tout contrôle, nous redoutons à ce point ce sentiment de domination qui a si vite raison de la faiblesse humaine, que nous persistons à dire qu'on ne saurait apporter trop de restriction à ce précieux dépôt, « *l'autorité,* » que les hommes confient presque toujours avec une si coupable légèreté ; nous savons que l'abus touche de si près à l'usage, qu'on confond si volontiers, que nous nous défions de ce qui ressemble à toute investiture ; aussi poussons-nous la précaution, dans la nouvelle organisation que nous rêvons pour l'Algérie, jusqu'à refuser aux officiers généraux toute suprématie sur les autres officiers généraux placés comme eux à la tête d'une division militaire ; leur rôle, qui n'aurait jamais dû être changé, devant être borné au seul commandement des troupes placées sous leurs ordres. C'est dans la pensée de la destruction sans retour du gouvernement général, ce grand fief militaire digne de l'esprit monarchique, c'est dans la pensée de cette destruction, qui sera notre *affranchissement des communes,* qu'il faut nous unir.

Est-il besoin d'ajouter que la disparition du gouvernement général entraînerait avec elle cette autre monstruosité, si révoltante pour la logique et si outrageante pour le droit : La distinction des territoires !

Nos neveux hésiteront à croire à des faits d'une telle invraisemblance. N'est-il pas inouï que nous ayons assisté impassibles à cet incroyable mot d'ordre, faisant dire par une sentinelle croisant la baïonnette devant la loi : « On ne passe pas ! »

Avec l'écroulement du vieil édifice s'abîmeront toutes ses cariatides !

L'institution des bureaux arabes si funeste à l'Algérie aura vécu !

Qu'on ne se méprenne pas sur notre pensée ; nos critiques comme nos protestations ne descendent pas à une infime question de personnes : la volonté humaine est impuissante devant la force des institutions, elle est faible devant les séductions de la toute-puissance.

Nous ne cherchons pas à atténuer les reproches adressés aux officiers qui ont accepté des fonctions si périlleuses pour leur réputation, mais nous n'hésitons pas à le déclarer hautement, nos efforts tendant à la destruction des abus, ce n'est pas aux individus, mais aux institutions qu'il faut s'attaquer.

Est-ce à dire que nous demandons pour l'Algérie une forme de direction absolument identique, par son rouage administratif, à celle de la métropole ? Est-ce à dire que nous formons le chimérique projet d'appliquer purement et simplement ses institutions ? Nos adversaires mêmes ne nous prêteraient pas cette ridicule pensée ; il faudrait n'avoir aucune notion de ce qui est vrai, de ce qui est normal, pour aller s'imaginer qu'un pays neuf puisse se plier à ce qui existe dans un pays ancien ; qu'une nation qui se crée n'a pas besoin d'autres sollicitudes qu'un peuple qui est assis, qui est formé.

Non, nous voulons pour l'Algérie de sages dispositions, de prudentes mesures aidant à son extension, mais nous y voulons et nous n'y voulons que le gouvernement de la France !

De quelle façon réaliser ce programme ? Comment échapper au péril des petites influences locales, qui sont les premiers fruits d'un gouvernement général ? Comment arriver à ces indispensables restrictions dans cette identité de forme gouvernementale que nous demandons ?

C'est bien simple, et nous répétons notre « *delenda Carthago !* » c'est en détruisant le gouvernement général et en retournant à un système qui avait déjà été essayé, mais d'une façon incomplète. L'idée n'est pas neuve, nous ne réclamons aucun brevet nous l'avons dit déjà, et nous nous bornons à en signaler l'application comme étant la mesure la plus prudente et la plus raisonnable, nous voulons parler de la constitution d'un « ministère de l'Algérie, » dont le siége serait à Paris.

L'ancien ministère ne répondait point à l'idée qu'on est en droit de se faire d'une organisation de cette nature, aux espérances qu'on est en droit de fonder sur l'action énergique d'un fonctionnaire de cet ordre. Cette organisation n'était, à vrai dire, que le simple déplacement et le simple changement de nom de ce qui était « le gouvernement général. »

Ce que nous souhaitons, c'est un vrai ministère, c'est un véritable ministre avec ses attributions nettement limitées, avec sa responsabilité; ce que nous voulons, c'est de ne pas voir le droit commun menacé, violé, fût-ce par un général *républicain*.

L'idée du ministère répond à toutes les aspirations libérales d'un peuple qui a besoin de respirer l'air libre d'institutions protectrices, qui veut ne pas étouffer sous un régime dont le sabre transperce la loi.

L'esprit qui nous guide dans nos vœux est celui de l'idée de l'*assimilation* entière, vraie; l'assimilation absolue est la pensée fondamentale de notre projet, mais avec des restrictions, non point d'étroites restrictions timides et dissimulées, mais avec de larges restrictions, hardies et franches; avec des mesures d'exception dictées par la situation, les besoins, les éléments de la colonisation algérienne.

Serait-il donc bien malaisé de faire pénétrer cet esprit d'innovation et j'ajouterai même de rénovation dans notre système administratif? fût-ce dans ces hautes régions ministérielles? Non, aucune difficulté ne se présente; un moyen pratique s'offre tout naturellement à l'esprit le moins chercheur: c'est la formation d'un comité de colonisation placé à côté du ministre, dont les membres seraient exclusivement choisis parmi les hommes ayant des connaissances pratiques sur l'Algérie. Nous insistons sur cette condition, car nous ne sommes que trop disposés aux séductions de brillantes théories, et, avouons-le sans dissimulation, l'obligation de cette condition nous mettrait à l'abri de l'intrusion d'hommes qui n'auraient de l'Algérie que les connaissances puisées dans des cartons administratifs. Nous ne cachons pas que nous professons une estime très-modérée en matière de colonisation pour les théoriciens, et nous ne craignons pas d'avancer que c'est d'eux que nous vient le danger. La composition de ce comité serait incomplète si elle se bornait à cette formation. A ces premiers choix, dont le soin serait laissé à l'État, viendraient s'adjoindre deux membres des conseils généraux de chacun des départements formant la nouvelle division de l'Algérie, nouvelle division qui nous semble urgente, parce que nous pensons avec beaucoup de partisans de cette idée, qu'il serait de bonne administration d'augmenter le nombre des départements.

L'utilité du siége à Paris de l'action exécutive n'est pas une vaine réforme ; elle est, à nos yeux, la clef de voûte du système que nous préconisons : en l'indiquant nous obéissons à de sérieuses considérations.

En dehors des avantages directs que rencontrerait cette combinaison, l'Algérie en tirerait, au grand profit de la colonisation, les bienfaits résultant des puissantes influences que ne manqueraient pas d'exercer sur les grands industriels de France, sur les sociétés financières, sur le pays même, les autorités incontestées que l'État pourrait faire entrer au sein du conseil.

Ce conseil composé d'hommes au courant de la question, familiarisés avec les nécessités des mesures que réclame la situation, offrant les garanties de leur expérience, serait le véritable inspirateur du ministère en même temps que le véritable défenseur des intérêts algériens.

Sa formation aurait en outre le mérite de donner pleine satisfaction aux légitimes vœux de la population algérienne, comme aux légitimes désirs de l'État, dont l'action ne doit pas être absolument effacée, et qui, en échange de son concours, mérite au moins quelque déférence. D'un autre côté, le ministre siégeant à Paris restera ce que doit rester tout pouvoir, qui tient à être écouté et respecté, absolument impersonnel ; il échappera de la sorte aux influences locales, si difficiles à éviter dans des relations journalières qui perdent bien promptement leur caractère officiel et permettent aux « gros bonnets » de se montrer plus audacieux que jamais.

A Alger, par exemple, un ministre est un homme; à Paris, c'est un ministre; l'individualité disparaît, c'est l'autorité inaccessible aux tiraillements des petits partis.

Nous assurons par ce moyen, non-seulement l'indépendance du pouvoir appelé à la direction de nos destinées, mais aussi celle tout au moins aussi précieuse des membres du conseil; qu'il nous soit permis de ne laisser aucun doute sur notre sentiment à cet égard, en insérant une observation personnelle à laquelle les faits donnent presque la force d'un axiome : « l'indépendance de l'élu est en raison directe de la distance qui le sépare des électeurs. »

Quoique nous ayons donné les motifs qui nous font exprimer le vœu que ce soit dans la capitale métropolitaine seulement que se débattent toutes les questions algériennes, que le gouvernement seul soit appelé à donner sa sanction à leur solution, nous devons ajouter que d'autres raisons nous imposent cette nécessité; nous n'entreprendrons pas d'énumérer les considérations politiques, qui sont un argument de plus, cet exposé exigerait des développements que ne comportent pas les proportions assignées à notre travail, mais nous nous garderions de taire ce que nous craignons comme un danger réel, c'est l'indifférence, c'est le silence qui se feraient autour de l'Algérie et qui seraient la conséquence inévitable de l'isolement dans lequel nous jetterait infailliblement l'autonomie; en désintéressant la France de nos affaires, elle la déshabituerait non-seulement de s'en occuper, mais même de s'en préoccuper, et il faut être bien épris de l'idée qu'on caresse pour s'aveugler à ce point de douter qu'une séparation, quoique seulement administrative, n'amènerait aussitôt le funeste résultat qui ferait autour de l'Algérie le silence et l'isolement, pour la pousser, à un moment donné, plus brutalement que jamais sous le sabre des chefs militaires.

Il faut au contraire que nos affaires soient les affaires de la France; il faut que la France se familiarise avec tout ce qui concerne l'Algérie, il faut que nos intérêts soient les siens; il faut que ce qui nous touche la touche, il faut que la France et l'Algérie soient *une,* il ne faut pas que la France et l'Algérie se confondent seulement dans les discours, mais aussi dans la réalité des faits. Il faut cette identité complète, politique, civile, administrative, et les lois d'exception que nous demandons auraient l'avantage d'en hâter l'avenir, sans porter aucun trouble dans le présent.

L'exception a-t-elle jamais altéré l'économie de la règle ? Et peut-on objecter sérieusement qu'il existe sur ce point quelque difficulté?

En indiquant, comme nous l'avons déjà fait et comme nous allons en continuer l'exposé, les mesures qui nous paraissent les plus indispensables, nous n'avons pas l'intention d'offrir un système tout fait, qu'on n'aurait qu'à monter pour en voir fonctionner le mécanisme, et auquel après cela il faudrait se bien garder de toucher, de crainte d'en altérer la perfection ; ce serait en vérité donner beau jeu aux rieurs! Nous dirons plus : c'est qu'il y aurait mauvaise foi à nous prêter de semblables intentions. Nous l'avons dit à la première page de ce travail, nous ne voulons rien inventer, bornant notre rôle à rester l'écho de l'opinion publique, mais l'écho fidèle. Et la mission que nous nous sommes imposée nous semble offrir déjà assez d'intérêt par elle-même pour que nous nous sentions le désir de rien ajouter à cette tâche. Nous ne voulons pas frayer de nouveaux sentiers, notre voie est toute tracée, et les vérités que nous avons à dire sont presque naïves, tant elles ont été rééditées.

En affirmant qu'une puissante impulsion à l'immigration serait un des moyens d'action les plus efficaces, faisons-nous autre chose que de redire une vérité devenue banale.

Mais cette vérité, quoique connue de tous, en est-elle moins pour cela le pivot de la pensée colonisatrice?

En insistant sur ce premier de tous les buts, en insistant

sur cette première de toutes nos préoccupations, nous ne
voulons pas seulement en signaler l'importance, assez connue
de tous, mais nous voulons démontrer en peu de mots combien la réalisation en est aisée.

Que faut-il aux colons?

De la terre! mais de la terre ailleurs que sur les plans,
de la terre ailleurs que dans les cartons administratifs; il
n'en manque pas, et la preuve n'en sera point difficile.

Nous n'hésitons pas à placer au premier rang des mesures
à prendre, la résiliation de la convention passée avec la Société Générale Algérienne. Cette mesure livrera immédiatement à la colonisation cent mille hectares dont cette Société
n'a su tirer qu'un revenu de location, sans les affecter, aux
termes de son marché, au peuplement, par la création de
centres. Cette Société n'a donc répondu à aucun des engage-
ments contractés par elle, et en échange desquels lui avait
été consentie cette munificence. Tout en nous élevant contre
cette inféodation stérile de nos plus belles terres, nous n'a-
vons pas l'intention de mettre à la charge des bénéficiaires les
risques qui incombent, dans tout contrat bilatéral, à celle des
parties qui manque à la convention; loin de nous retrancher
derrière ce droit, nous désirons que les intérêts privés enga-
gés dans cette opération soient respectés, tout en sauvegar-
dant les intérêts de la colonie; on arriverait à ce résultat en
tenant compte à la Société Algérienne de ses avances, mais
en déduisant toutefois l'importance de ses recettes. Ce serait
là une vérification d'ordre secondaire, qui pourrait être confiée à une commission.

Voici donc cent mille hectares de bonnes terres qui seraient
immédiatement disponibles, et pour la vente desquelles nous
voudrions voir aussitôt des bureaux établis dans chacune des
communes desquelles ces terres ressortent.

Cette idée de vente de terres à bureaux ouverts, n'est pas
émise pour la première fois; c'est, à notre sens, la façon de
procéder à la fois la plus loyale et la plus expéditive. Ren-
versant nos règles bureaucratiques, nos respectables usages

administratifs, le vendeur serait à la disposition de l'acheteur, les conditions de vente simplifiées ; les terres placées dans le cercle du bureau auquel en serait confiée l'aliénation, se trouveraient divisées en plusieurs catégories à chacune desquelles seraient attachées des charges différentes; ainsi, les terres classées de premier choix se rembourseraient par un versement immédiat supérieur à celles classées dans un choix inférieur. Ce sont là des questions de détail que nous n'avons pas à aborder; elles ont leur importance, et leur solution appartient aux hommes compétents. Il en est de même de la contenance : les lots ne devraient pas dépasser une certaine mesure, assez restreinte pour éviter tout esprit de spéculation et de monopole, et en même temps que suffisante à l'exploitation d'une famille.

Si nous nous bornons à citer les cent mille hectares enlevés à la colonisation, c'est pour hâter la mise en pratique de notre projet; les autres terres sont là, mais ce n'est pas une statistique que nous nous sommes donné à faire. En effet, aucun retard à opposer, aucune difficulté pour *découvrir* les lots, aucun obstacle pour arriver à leur délimitation. Les lots sont là, les lots sont délimités!

Le temps employé à la vente de ce premier groupe de terres permettrait d'attendre la délimitation de toutes les terres disponibles, leur classement dans les communes dont le bureau de vente serait en plein exercice. Ce serait là un pas immense. Mais il ne suffit pas de vendre les terres à bureaux ouverts pour attirer aussitôt le flot des immigrants; il faut de plus des avantages qui, sans égaler ceux que les nationaux trouvent sans sortir de chez eux, soient au moins une compensation à l'expatriation.

Au lieu de faire l'abandon à des compagnies de nos meilleures terres, à titre dit *onéreux*, et qui n'est au fond qu'un pur don, que l'État garde ce qui lui revient, la vente des terres, mais aussi la charge des grands travaux publics.

Il faut des fonds ! Qui le conteste? mais qui aussi n'applaudirait à un emprunt national à l'aide duquel on doterait l'Algérie de barrages qu'elle réclame, de routes qui lui manquent, de ports qui la mettraient en communication avec l'univers, de voies ferrées, ce puissant instrument de progrès, et de nombreux centres aidant à une progression rapide de la population? Ce n'est pas seulement à ces grands travaux que devrait s'arrêter l'action de l'État : le reboisement, cette autre source de richesse, la construction de phares, les travaux de défense de ses côtes, qu'à une autre époque il eût été permis de taxer de luxueuse fantaisie, et qui aujourd'hui est une simple mesure de prévoyance.

Les barrages mettraient l'agriculture à l'abri de ces fréquentes sécheresses, en régularisant en quelque sorte le rendement excessif de la terre.

Les routes, les chemins de fer, sont aux productions ce que les artères sont à la circulation.

Lorsque les moyens de communication sont difficiles et dispendieux, qui en supporte les conséquences, qui en éprouve le préjudice, si ce n'est le producteur, qui voit ses produits grevés de la différence ruineuse des transports entre les marchés de l'intérieur et ceux du littoral?

Cette avance de la France pour la France trouverait une ample rémunération dans l'accroissement des impôts résultant de l'accroissement des imposables.

A côté de ces avantages tout matériels, il en est d'autres qu'il ne faut pas négliger et dont l'attrait serait d'un puissant effet sur l'esprit des immigrants français en même temps que des émigrants étrangers, et ces derniers, soit dit en passant, lorsqu'ils abandonnent leur foyer, cèdent à d'autres séductions que celles que pourrait leur offrir l'avantage tout platonique pour eux de la naturalisation; c'est un but plus positif qu'ils poursuivent, c'est la rémunération de leurs efforts et de leurs sacrifices qu'ils recherchent; c'est le bien-être dû au travail, qui est leur unique ambition. La stabilité des institutions, la protection des personnes et de la propriété, des lois qui soient au-dessus de la volonté d'un pacha improvisé, voilà ce qu'il faut promettre et ce qu'il faut tenir.

Il faut pour cela que l'Algérie soit française et civile; il faut effacer jusqu'au dernier vestige de toutes ces mesures qui se ressentent de la rudesse du soldat; l'armée n'aura qu'à y gagner lorsque ses chefs n'auront plus qu'un rôle compatible avec leur carrière; il y aura donc profit pour tous. L'Algérie ne tarderait pas à ressentir les effets des immunités que nous réclamons pour elle. La franchise des ports, l'exonération de la conscription (1), l'exemption de l'impôt foncier offriraient un attrait invincible.

C'est par la netteté des institutions que nous parviendrons à combattre le retour périodique des incendies, des insurrections, bien mieux que par ces colonnes à jour fixe qui, suivant la plaisante comparaison d'un vieux soldat, n'étaient plus qu'une cueillette de « graines d'épinards. »

Nous connaissons les Arabes et nous savons que si c'est à eux qu'il faut attribuer la dévastation de nos forêts, ce dont nous avons la certitude, malgré l'étrange théorie que des défenseurs par trop dévoués n'ont pas craint de soutenir, nous savons, disons-nous, que si c'est la main de l'Arabe qui allume l'incendie, il faut ajouter que l'Arabe n'est que l'*instrument du crime*. Il ne faut pas qu'on essaie de faire croire que c'est dans le fanatisme des musulmans qu'il est seulement permis d'en chercher la cause. Non, les indigènes ne sont, dans les incendies comme dans les insurrections, que les instruments *matériels* et dociles dont une volonté puissante a la direction; nous n'avons pas à chercher où réside cette force occulte, mais nous ne craignons pas d'affirmer qu'elle existe.

Et c'est encore un motif pour nous de faire ressortir le défaut de sécurité et de garantie qui devraient protéger les grandes exploitations forestières, qu'il serait de l'intérêt de l'Algérie de considérer comme un des éléments de la fortune publique. Et à chaque désastre qui vient renverser les légitimes espérances des concessionnaires forestiers, à chaque incendie qui dévore en quelques jours le fruit de capitaux

---

(1) Compensée par la création de bataillons mobiles qui astreindraient les Algériens à un service périodique.

engloutis par les besoins d'une vaste exploitation, par les dépenses accumulées de nombreuses années, d'ardents défenseurs de la cause arabe nous réservent la pénible surprise de quelque nouvelle et fantaisiste démonstration dépassant en hardiesse les théories les plus risquées qu'il nous a été donné d'entendre et qui laissent bien loin la découverte sur la combustion spontanée et autres merveilles d'une science nouvelle. Tout récemment on a infligé à notre colonie la plus violente de ces épreuves (1).

Tout le monde sait que ce sont les Arabes qui livrent le pays aux flammes à un signal donné, tout le monde sait que le fanatisme n'a aucune part dans ces sinistres. Mais ce qu'on sait aussi, c'est que si l'Arabe n'a pas le discernement, il a l'obéissance passive, il comprend le mal qu'il fait, tout en ne se rendant pas compte de sa gravité et de son étendue; il n'a aucune notion des principes qui sont inscrits au code des peuples civilisés, il n'a pas les aptitudes exigées pour former une race de citoyens, il n'entend que d'une façon bien vague nos lois morales, il n'a aucun soupçon des principes sociaux. Il ne faut pas pour cela le représenter comme un fanatique et comme un ennemi farouche du nom français; il obéit aveuglément, mais il obéit, et c'est dans sa soumission absolue aux volontés d'une aristocratie dont, par une légèreté inconcevable, nous avons augmenté le prestige à ses yeux; c'est dans cette aristocratie, c'est dans cette féodalité arabe qu'il faut chercher les vraies causes des maux dont l'Algérie a eu tant à souffrir.

Le meilleur moyen d'éteindre ces incendies qui, à un moment donné, embrasent l'Algérie, des frontières du Maroc aux frontières de Tunis, le meilleur moyen de mettre un frein à cet esprit de turbulence qui ne cache souvent que la banale rivalité de petits chefs indigènes, c'est de détruire cet autre

---

(1) Voir les étranges conclusions opposées aux Forestiers par la haute commission des incendies.

gouvernement général des tribus qui grandit sous la protection de celui qui trône au palais de Mustapha; c'est d'enlever
à jamais le peuple arabe à la lourde sujétion de ces petits
tyrans en burnous; c'est de réduire cette puissance de la tente,
qui est l'unique barrière aux progrès qu'on peut espérer de
la race musulmane. L'Arabe ne demande pas mieux que de se
rapprocher de nous et d'être délivré de ce qu'il nomme le pire
des fléaux : l'autorité du caïd ! L'autorité du caïd, c'est aussi
l'autorité du cheik, l'autorité du cadi, l'autorité du marabout,
l'autorité du kodja , l'autorité du chaouch; la queue de cette
odieuse tyrannie est interminable. La constitution de la propriété individuelle, qui inspire l'amour du foyer, protégée au
début contre l'inexpérience des nouveaux propriétaires par
une loi spéciale; dans les douars comme dans les tribus, la
constitution de l'état-civil, qui inspire l'amour de la famille;
l'enseignement primaire, qui inspire l'amour de la société,
confié à des instituteurs français parlant la langue arabe ; ces
fonctions qui auraient presque un caractère politique pourraient être confiées à d'anciens interprètes tout prêts à se dé-
vouer à cette haute mission. A ces premiers actes d'un gouvernement vraiment assimilateur, les administrations com-
pétentes en ajouteraient d'autres ; nous n'avons pas la prétention de vouloir épuiser la nomenclature de tous les moyens que
la nécessité, dictée par les circonstances, indiquera assez tôt.
Aussi dans ce programme de saines réformes, ce que nous ins-
crivons avec persistance, c'est l'application de la loi de droit
commun sur l'indivis; ce qu'il faut, c'est la destruction du
communisme agraire. Il est indispensable de désagréger la
vieille société musulmane en y introduisant tous les éléments
de progrès et de civilisation en rapport avec son éducation,
avec ses coutumes, de façon à ne provoquer dans son esprit
défiant aucune prévention, à ne point heurter ses croyances
séculaires. Et qu'on en soit bien convaincu, l'Arabe est acces-
sible à ce mieux que nous en attendons; il n'est pas ce que
nous le représentent des hommes intéressés à voir s'éterniser
la situation actuelle. L'Arabe n'est pas plus l'ennemi du Fran-

çais que l'ennemi du chrétien ; la vieille légende a bien pàli , il est temps de faire raison de cette haine et de ce fanatisme religieux qu'on exploite comme le fameux spectre révolution-naire.

L'Arabe est heureux d'être au service du colon français ; il ambitionne le plus modeste emploi comme une position ines-pérée ; outre le bien-être relatif qu'il trouve sous le toit du colon, il y gagne les qualités de nos travailleurs, l'activité, la ponctualité , l'expérience des labours, les mille connaissances de la ferme, et l'Arabe qui avait jusque-là les défauts de l'en-fant sort de chez le colon avec toutes les qualités de l'homme. Et les notions d'ordre, de morale, si incertaines, si obscures, troublées encore par d'excusables superstitions, se dessinent sans choc dans son esprit naïf et inculte, se forment en même temps que son jugement, et l'homme primitif de la tente, s'il n'est devenu l'homme policé, s'est transformé au point de s'en rapprocher singulièrement. Nous ne voulons pas faire de la science ethnologique, mais nous ne saurions nous empê-cher de déclarer qu'il nous a été donné de constater la trans-formation sensible de l'Arabe, ses progrès, lents, il est vrai, mais constants, toutes les fois qu'il s'est trouvé au contact de l'Européen. Quoi d'étonnant à ce résultat ? l'ordre social ne tend-il pas à l'initiation de l'ordre moral !

L'occasion nous semble bonne aussi pour dire notre senti-ment sur la question des israélites algériens, question qu'on cherche à rendre ardente en y attachant, au point de vue de la sécurité de la colonie, une importance tout à fait menson-gère. La naturalisation des israélites algériens qu'on a présentée comme une imprudente mesure, comme un sujet d'irritation pour la population musulmane, cette naturalisation a trouvé le peuple arabe absolument indifférent ; si l'Arabe fait quelques progrès, nous n'exagérons pas en disant qu'il est encore bien loin d'avoir conscience de la valeur du titre de citoyen. Dans cette sourde irritation qui n'a jamais été autre chose que la rumeur des comparses ordinaires, nous avons cherché vaine-ment la trace réelle de ce mécontentement qu'on prête aux

Arabes à la suite du décret qui est l'honneur du gouvernement de la défense nationale (1).

Il est incontestable que la race juive a, depuis la conquête, accompli des progrès marqués ; dans un espace de temps relativement insignifiant, elle a su se faire sa place au milieu des vainqueurs, et cela d'une manière si complète qu'elle se confond presque avec ses initiateurs. Aucun adversaire n'oserait lui contester ce mérite, aucun de ses antagonistes n'oserait lui enlever ce titre à notre sollicitude ; l'israélite a conquis vaillamment le droit de partager les honneurs et les périls de notre nationalité ; il a fait plus, il a montré l'ardent désir de compter dans nos rangs, et cela à toutes les heures d'épreuve. Et c'est là le peuple auquel on veut faire la gratuite injure du rapport de cette loi, qui est juste et éminemment politique.

Non, ce ne sont pas les amis de l'Algérie qui oseront soutenir cette ténébreuse campagne qui s'ourdit dans un autre but que celui de l'abrogation d'un décret. L'israélite algérien doit rester français ; il est appelé à former un appoint considérable à l'élément national de la colonie, et nous n'avons pas à nous montrer trop dédaigneux de cet accroissement auquel des adversaires seraient heureux de s'opposer, parce que, ceux-là le savent bien, du jour où la colonie aura sa population compacte, du jour où l'élément civil aura acquis l'importance que nous lui souhaitons : ce jour-là sonnera le glas des pouvoirs fantaisistes et arbitraires.

Est-ce à dire que l'indigène a réalisé toutes les qualités qui font le citoyen ? est-ce à dire qu'il s'est complétement identifié au vainqueur ? Nous n'avancerons pas cette opinion qui serait contraire à nos convictions, mais nous pouvons affirmer que la différence repose sur bien peu, et que l'éducation civile, la participation à toutes nos charges achèveraient rapidement la transformation à laquelle les israélites se montrent si dociles.

---

(1) L'honorable M. Crémieux nous a fait l'honneur de nous déclarer qu'il défendrait les décrets par lesquels le gouvernement de la défense nationale arrache l'Algérie au régime du bon plaisir. L'honorable député est résolu, si l'Assemblée y touchait, de quitter l'Assemblée.

Le service militaire de très-courte durée, suffisant pour rompre le dernier lien qui les rattache aux habitudes arabes, suffisant pour leur inculquer les premières notions de l'école du soldat, aurait le double avantage de les familiariser avec cette éducation nationale en même temps que de les faire vivre d'une autre vie que celle du toit natal. Ce moyen effacerait jusqu'au dernier vestige des coutumes orientales en liant l'israélite encore plus étroitement au nom français pour lequel il a déjà donné tant de preuves d'attachement.

Ce service militaire, sur lequel nous revenons, serait d'autant plus facile à imposer que le moment nous semble favorable pour donner suite à un patriotique projet dû à un économiste distingué. Le service obligatoire arrache à leurs études un certain nombre d'étudiants qui comprend l'élite de la jeunesse française, ce projet tendrait à faire envoyer en Algérie tous les volontaires d'un an, qui, tout en se familiarisant rapidement avec la vie des camps, qui est l'âme de la vie militaire, pourraient en même temps, sans préjudicier à leur carrière, continuer leurs études à Alger, dit l'auteur du projet, où l'Université constituerait des facultés de sciences, de lettres, de médecine et de droit, dont nos volontaires seraient un élément suffisant de prospérité.

Nous nous croyons donc autorisés à dire que le service militaire avec les israélites dans de semblables conditions serait d'autant plus facile que, mêlés à nos volontaires d'un an, ils rencontreraient dans leurs rangs l'esprit de tolérance et de progrès qui est le privilége de la jeunesse instruite et intelligente. Nous touchons à la fin de notre tâche; nous aurions bien voulu ne nous tenir que dans les généralités, mais ces lignes ne sont pas écrites pour les théoriciens. C'est aux colons placés à tous les degrés de la hiérarchie des travailleurs que nous nous adressons. Il nous a donc fallu, pour nous rendre compréhensibles, descendre malgré nous jusqu'aux détails, nous y arrêter, et si nous avons suivi cette méthode, ce n'est pas sans une certaine répugnance, ne redoutant rien plus que ces propositions d'institutions qui ressemblent assez aux appareils garantis, comme si toutes les lois d'utilité générale avaient besoin d'un inventeur, comme si, véritables alluvions sociales, elles ne venaient pas s'accumuler seules, poussées par cette force irrésistible : la nécessité et l'expérience.

Nous avons donc dû indiquer, en les dessinant nettement, quelques-unes des mesures indispensables, dues moins à notre plume qu'à cette nécessité et à cette expérience. Nous saura-t-on mauvais gré d'ajouter à notre travail quelques dispositions que nous souhaitons ne pas voir abandonnées? Elles ne nous semblent pas inutiles à joindre aux moyens que nous indiquons pour combattre les adversaires de l'Algérie ; elles sont, comme les autres, inspirées par des besoins qu'un long séjour en Algérie nous a permis de constater.

Au nombre de ces mesures, qu'il nous soit permis de demander le concours de l'État et sa protection effective pour tous les grands industriels qui unissent leurs capitaux au sort de l'Algérie ; sa protection, surtout dans les exploitations de forêts, de mines, de carrières! L'encouragement aux grandes cultures, notamment à celle des tabacs, étouffée au berceau par une administration imprévoyante et inexpérimentée et péchant toujours par cette vertu bureaucratique, « l'excès de zèle. »

Un point capital sur lequel nous appelons la sérieuse attention du gouvernement, c'est l'absence de toute institution de crédit public, nous ne pouvons donner ce nom au seul établissement qui existe, et dont les statuts reflètent le caractère général de l'esprit qui préside à toute organisation en Algérie.

C'est là une grosse faute. Les établissements qui ont grâce d'état pour l'émission de valeurs fiduciaires n'ont pas d'ennemi plus dangereux que leur propre système. Le vice fondamental qui menace la prospérité publique ne peut se chercher ailleurs que dans le monopole, dont les conséquences premières sont un excès de pouvoir. De l'excès de pouvoir aux abus de toutes sortes, à la partialité, à l'arbitraire, il n'y a pas même un pas. Aussi l'unique établissement financier, qui à sa création était une espérance pour tous, est devenu pour tous une grosse déception. Cette institution de crédit *dit public,* ne donne ses faveurs qu'à un petit nombre de privilégiés, véritable clan qui lui sert de garde d'honneur et qui, *seuls,* retirent les avantages qui devraient appartenir à tous.

Qu'arrive-t-il dans une aussi déplorable organisation? c'est que pour soutenir un système aussi irrationnel que contraire à l'équité, on se trouve, à un moment donné, dans la nécessité d'étayer ce funeste système par des moyens plus funestes encore: c'est alors à des *transactions* absolument étrangères au caractère des opérations de banque, c'est à des *petits arrangements de famille* qui n'ont en vue qu'un intérêt tout privé qu'on est réduit de recourir pour replâtrer le crédit *public,* qui n'est en réalité qu'un crédit factice, et le moindre souffle suffit pour en tarir la circulation.

Il n'en serait pas ainsi si l'industriel, si le cultivateur, au lieu de se trouver à la remorque du caprice et de l'arbitraire, étaient appelés à participer aux avantages de l'escompte; si les transactions pouvaient se retremper aux sources vivifiantes du crédit; il n'en serait pas ainsi si l'Algérie possédait un véritable crédit, et il en sera ainsi tant qu'elle n'aura pas de véritables banques.

Ce n'est que par la multiplicité des instruments de crédit public et, en attendant, par la création de succursales, empêchée, on aura peine à le croire, par des influences intéressées, que nous arriverons à ce résultat, dont le premier avantage sera de nous délivrer des funestes abus du monopole et de nous affranchir de l'impôt des taux excessifs. Nous avons donc raison de le dire en terminant, le gouvernement général, sous la protection duquel grandissent ces abus, a fait son temps; il faut que les mains qui détiennent la loi, au delà de la mer comme en deçà, n'en altèrent point le caractère, il faut que la loi soit une protection et non une menace, il faut que la loi se ressente de la pensée hautement philosophique du légiste et non de la rudesse étroite du soldat. C'est alors, mais alors seulement, que pleine de confiance dans un pouvoir dégagé du pernicieux effet des influences, des petites passions et des

petites ambitions, placée dans les sphères sereines d'une
entière indépendance, l'Algérie deviendra grande et prospère
sous la protection invincible de cette puissance, que n'ébranle
aucune volonté, qui résiste aux efforts de l'individualisme se
substituant si souvent au droit, comme à l'arbitraire et au
caprice des partis, de cette puissance qui plane au-dessus de
tous les pouvoirs, l'auguste et imprescriptible autorité de la
loi !

Ce sera pour l'Algérie l'heure de l'affranchissement. Alors
seulement elle sera à l'abri des attentats qui ne sont pour
ceux qui les osent que des moyens de se rendre agréables à
l'Olympe. Alors nous n'aurons pas à redouter, suivant l'intérêt des gouvernants, tantôt la suppression du jury, tantôt
celle de la représentation nationale. L'inviolabilité du droit
ne sera plus un mot, et alors aussi qu'il nous sera permis de
compter sur la sécurité du présent comme sur la prospérité de
l'avenir, la France parviendra à fonder de l'autre côté de la
Méditerranée cette puissante démocratie de travailleurs repo-
sant sur le triple et solide faisceau de l'agriculture, du com-
merce et de l'industrie.

4252 — Nantes, Imprimerie Jules Grinsard, rue de la Fosse, 32.

REVUE UNIVERSELLE

13 Livraisons par an, de quatre semaines en quatre semaines

CONDITIONS D'ABONNEMENT

Pour tous les pays les frais de transport sont compris dans l'abonnement. — On ne s'abonne pas pour moins de six mois.

	Un an. 13 livrais.	Six mois. 6 livrais.
Tous pays hors d'Europe, et Russie, Turquie, Grèce......................	80 fr. —	40 fr.
En Europe (sauf les pays ci-dessus)....	60	— 30
France et Algérie..Trois mois.. 10 fr.	40	— 20

Les Abonnés d'un an reçoivent 13 livraisons, ceux de six mois n'ont droit qu'à six livraisons. Les abonnements de trois mois sont reçus en France seulement.

AGENTS DE LA REVUE UNIVERSELLE

1º HORS D'EUROPE.

MM.

Maurice.........	A. OLLIVRY.	Santiago (Chili)...	RAYMOND.
Réunion.	Marcelin DOUCE.	Valparaiso........	RAYMOND.
Seychelles........	C. JOUANIS.	Martinique...	LEPELLETIER-MERVILLE.
Batavia...........	G. KOLFF ET Cº.	Pointe-à-Pitre (Gua-	
Samarang........	VAN DORP ET Cº.	deloupe)	..... L. BLANCHET.
Sourabaya........	THIEME ET Cº.	Basse-Terre (Dº)	L. BLANCHET.
Sydney............	E. ET F. COLE.	Cayenne..........	DAUBRIAC fils.
Nouvelle-Calédonie	A. RUSSEIL.	Rio de Janeiro.....	J.-B. LOMBARTES.
Saïgon...........	IMP. COMMERCIALE.	Buénos–Ayres	H. GAILLARD.
Calcutta..........	J. DUMAINE ET Ciº.	Pernambuco.......	DE LAILHACAR et Ciº
Caire.............	EBNER ET Ciº.	Haïti............	VOLLEMARD-LAPORTE.
Smyrne..........	Ant. J. DEPOLLO.		

2º EN EUROPE.

PARIS.................	H. BELLAIRE, 71, rue des Saints–Pères.
LYON.................	Henri GEORG, 65, rue de Lyon.
—	Philippe BAUDRIER, 29, rue Gasparin.
HAVRE................	POINSIGNON, place de l'Hôtel–de–Ville.
LONDRES.............	ASHER ET Ciº, 13, Bedfort Street.
AMSTERDAM...........	L. Van BAKKENES ET Ciº.
GENEVE...............	Henri GEORG.
BERLIN................	ASCHER ET Ciº.
VIENNE...............	C. GEROLD FILS.
SAINT-PETERSBOURG..	Jacques ISSAKOFF.
LISBONNE.............	J. A. G. FRANCO DE CASTRO, 144, rua do Ouro.
LIVOURNE.............	LACROIX VERBOECKHOVEN ET Ciº.
ATHÈNES	COROMÉLAS, directeur de l'*Éphéméride*.
BUCHAREST...........	Au bureau du journal *la Roumanie*.
CONSTANTINOPLE.....	Office général de publicité, 22, Passage Hazzopoulo.

4252 — Nantes, Imp. Jules Grinsard, succ. de M. Charpentier, rue de la Fosse, 32 et 34.